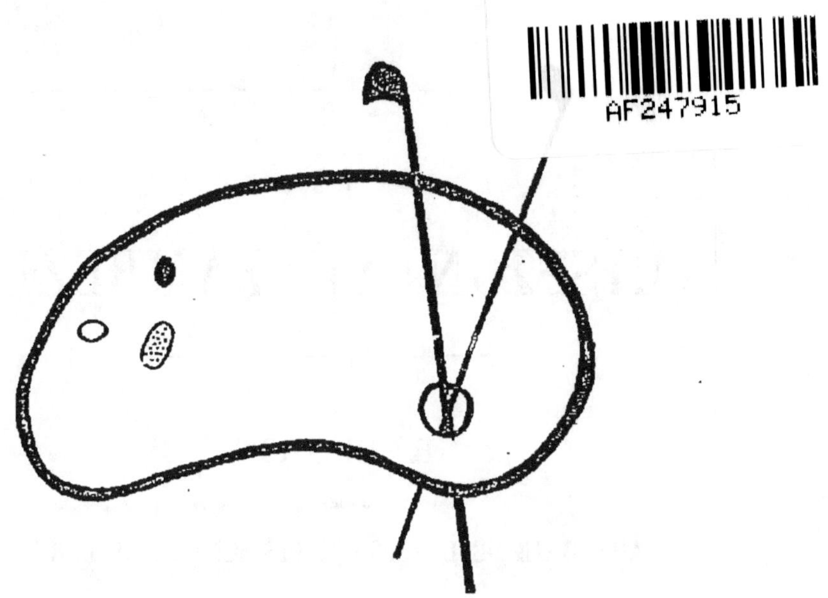

DEBUT D'UNE SERIE DE DOCUMENTS
EN COULEUR

LA
MISSION AU ZAMBÈZE

RAPPORTS

PRÉSENTÉS

AU COMITÉ DE LA SOCIÉTÉ DES MISSIONS DE PARIS

PAR

M. le missionnaire COILLARD

ET PAR

M. le pasteur APPIA

ET

CIRCULAIRE DU COMITÉ AUX AMIS ET SOUTIENS DE L'ŒUVRE

PARIS

LIBRAIRIE J. BONHOURE ET Cie

48, RUE DE LILLE, 48

1880

PARIS. — IMPRIMERIE DE CH. NOBLET, 13, RUE CUJAS.

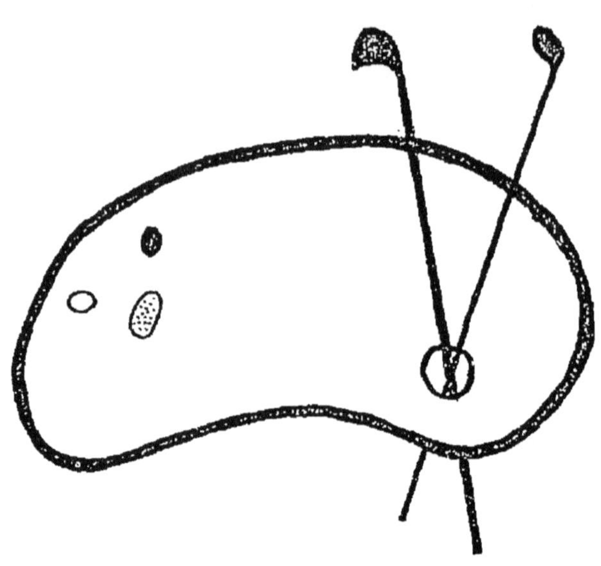

FIN D'UNE SERIE DE DOCUMENTS
EN COULEUR

LA MISSION AU ZAMBÈZE

LA
MISSION AU ZAMBÈZE

RAPPORTS

PRÉSENTÉS

AU COMITÉ DE LA SOCIÉTÉ DES MISSIONS DE PARIS

PAR

M. le missionnaire COILLARD

ET PAR

M. le pasteur APPIA

ET

CIRCULAIRE DU COMITÉ AUX AMIS ET SOUTIENS DE L'ŒUVRE

PARIS

LIBRAIRIE J. BONHOURE ET Cⁱᵉ

48, RUE DE LILLE, 48

1880

RAPPORT DE M. LE MISSIONNAIRE COILLARD

Paris, le 26 mars 1880.

Messieurs et honorés frères,

L'esprit missionnaire est un esprit d'agression et de conquête. *Toujours plus loin!* c'est sa devise. Nos jeunes Eglises du Lessouto, comme celles de France, le comprennent; sans parler de ce qu'elles font pour l'évangélisation de leur propre pays, il suffit de rappeler leurs efforts pour porter à d'autres tribus les bienfaits de l'Evangile.

I

1. Il vous souvient d'Esaïa Séélé, cet homme intelligent parti du Lessouto en 1863, et qui a passé plusieurs années à évangéliser les Bapélis au Transvaal. Il vous souvient aussi d'Eliakime et d'Asser qui, laissés tout seuls sans leurs familles, ont travaillé chez les Magwambas et défriché le terrain que cultive maintenant l'Eglise libre du canton de Vaud. Il suffit enfin de rappeler les sacrifices d'hommes et d'argent que ces jeunes Eglises ont faits pour la Mission des Banyaïs, pour en conclure qu'il est de notre devoir de ne pas laisser s'éteindre cette étincelle du feu missionnaire, mais bien de la nourrir et d'en faire une flamme ardente. La nécessité d'une nouvelle Mission me paraît non seulement évidente, mais nécessaire, URGENTE.

2. Les Eglises du Lessouto avaient d'abord pris l'initiative. Un de leurs enfants, l'intrépide évangéliste missionnaire Asser, avait, de son propre mouvement, entrepris un voyage chez les Banyaïs. Vous en connaissez les résultats. Un projet de Mission fut arrêté, et une expédition fut organisée. Un premier échec ne découragea pas les Eglises; mais leur se-

conde expédition ne parvint chez les Banyaïs *que pour constater que la porte de ce pays nous était absolument fermée.*

3. Le Transvaal même, où sont les tribus des Bapélis, est
occupé par diverses Sociétés qui se le sont partagé, et qui s'y
étendent toujours plus, de sorte qu'il *n'y a pas là* et qu'il *n'y
aura jamais de place pour nous.*

4. Le pays qui s'étend du Limpopo au Zambèze, et du
Khalahari à la côte de Sofala, est occupé par le royaume des
Matébélés de Lo-Bengula, le fils de Mosélékatsi, à l'ouest,
et par celui des Zoulous d'Omzila à l'est, entre lesquels se
trouve un pays contesté, vrai parc où, de part et d'autre, on
va enlever du bétail, et on fait la chasse aux femmes et aux
enfants pour les réduire en esclavage. Ce malheureux pays,
c'est celui des Banyaïs qui nous a été fermé. Celui d'Omzila,
à l'est, va probablement être occupé par la Société américaine des Missions étrangères, tandis que celui des Matébélés,
à l'ouest, l'est, bien qu'insuffisamment, par la Société de
Londres. De sorte que, si nous en exceptons le poste de
Séléka où sont nos évangélistes, et qui n'est qu'une étape
vers l'intérieur, du Limpopo au Zambèze, *il ne se trouve pas
de tribu que nous puissions évangéliser.* Si donc nous voulons
trouver un champ missionnaire, force nous est d'aller jusqu'au Zambèze. C'est la *seule alternative qui nous reste.* C'est
là la raison qui nous a conduits chez les Barotsis.

II

1. Le pays des Barotsis est la partie du Zambèze comprise
entre le 18° et le 15° de latitude sud, et le 26° et le 21° de longi-
tude est ; des cataractes Victoria à Libonda sur une longueur
de 250 milles environ. Franchissant le désert qui l'entoure,
on trouve au sud-ouest les tribus du lac Ngami ; au sud-est,
les Matébélés ; au nord-est, les Mashikoulombos et autres
tribus qui s'étendent jusqu'au lac Benguéolo, et à l'ouest,
enfin, le Bihé, contrée populeuse avec laquelle les rapports

sont fréquents, et où la Société américaine parle de fonder une nouvelle et grande mission.

2. Boisé et ondulé dans les parages des cataractes de Victoria et de Gonyé, le pays des Barotsis proprement dits n'est qu'une large vallée, dénudée, basse, submergée tous les ans pendant trois ou quatre mois, et où surnagent alors dans de nombreux îlots des villages qu'on abandonne au soin des esclaves. Les maîtres, eux, vont s'établir sur les collines et se livrer à des fêtes et à la chasse. Lorsque les eaux se retirent, les marais et les détritus, sous l'action d'une chaleur ardente, engendrent des fièvres épidémiques qui déciment la population. Nous n'étions pas là à la plus mauvaise saison de l'année ni dans la partie la plus malsaine du pays, nous y avons cependant creusé deux tombeaux. C'est un avertissement solennel. Si ces tombeaux sont notre prise de possession, comme le fut Macpéla pour Abraham, il faut que nous soyons prêts à voir tomber nos hommes et aussi à les remplacer.

3. A cette difficulté s'ajoute encore celle des communications. La distance du Lessouto à la capitale des Barotsis est de quinze cents à seize cents kilomètres, un voyage de quatre mois. Schoschong, le dernier village qui se trouve sur la route, est à cinq cents kilomètres du Zambèze. Le chemin longe le Khalahari, désert de sable et de forêts où l'on ne peut s'aventurer qu'après les pluies du printemps et de l'automne, et dont quelques Bushmen sauvages sont les seuls habitants.

4. Il y a un service postal régulier jusqu'à Schoschong. Mais de là au Zambèze il ne se fait que par les rares occasions de chasseurs qui se présentent. De là de grandes dépenses de transport et des inconvénients sérieux.

5. Le pays est fertile. La population peut s'élever au tiers de celle du Lessouto, soit 50,000 âmes. Mais elle n'est pas homogène et tend à se démembrer. Les Barotsis sont industrieux, mais encore fort peu habitués aux affaires, et depuis qu'ils se sont rendus indépendants des Makololos, ils sont constamment en révolution. Je dois cependant ajouter que

chez eux, même en temps de guerre, les étrangers jouissent d'une parfaite sécurité.

6. Toutes ces tribus échelonnées sur le Zambèze parlent différents dialectes ; mais communiquent entre elles par le sessouto, la langue que nous parlons au pays des Bassoutos. On dirait un quartier reculé de ce pays ; mêmes mœurs et coutumes, comme aussi même langue. Cela s'explique ainsi. Un chef mossouto, parent de Moshesh, Sébétoane, émigra au Zambèze il y a cinquante ans, en soumit les tribus, se les attacha par sa générosité et les incorpora à la sienne. Bien que la tyrannie d'un de ses successeurs les ait poussées à la révolte, elles vénèrent encore la mémoire de Sébétoane, ont conservé sa belle langue, et j'ai pu constater que la nationalité de nos évangélistes leur donne droit de cité parmi elles, et leur assure une influence spéciale. Si je dis que nos écoles du Lessouto, que nos livres et tout ce qui sort de notre presse, pourraient servir à l'œuvre des Barotsis, que le premier évangéliste mossouto venu pourrait, le jour même de son arrivée au Zambèze, se mettre à enseigner, ce sont là pour une Mission nouvelle des avantages qu'il suffit d'indiquer. Déjà se trouvent à Morija, sous les soins de nos amis Mabille, deux jeunes gens que nous avons amenés du pays des Barotsis.

7. Vous savez les circonstances qui nous ont conduits au Zambèze, et l'accueil que les chefs nous ont fait ; comment, après un premier refus basé sur une méprise, le chef suprême nous avait demandé de retourner chez lui en hiver ; c'est-à-dire quelques mois plus tard. J'ai appris, depuis mon départ d'Afrique, que d'autres messagers avaient été envoyés pour appuyer cette requête ; mais nous avions déjà quitté Leshoma, et ils me transmirent l'invitation réitérée de leur roi par le docteur Bradshaw.

8. Depuis lors, le pays a été bouleversé par des guerres civiles dont j'ignore les résultats. Une mission catholique s'y rendait aussi, composée de six prêtres, et attendant de

nouveaux renforts. On peut douter cependant qu'elle s'y soit arrêtée.

9. L'Evangile chez les Barotsis aura à lutter contre la pernicieuse influence d'aventuriers européens, de métis portugais et contre la polygamie et l'esclavage qui sont à la base de l'édifice social.

III

1. L'organisation de la nouvelle mission, si on la décide, doit être laissée au jugement de ceux qui la fonderont. Je crois cependant que, si l'on pouvait trouver un point élevé, moins malsain que les autres, y fonder une station centrale avec écoles, et d'où les catéchistes pourraient d'abord rayonner pour l'évangélisation du pays, ce serait un des plans les plus naturels et les plus pratiques.

2. Cette mission, où l'élément indigène entrerait pour la plus grande part, devrait, dès le début, se composer au moins de deux missionnaires européens consacrés, et, si possible, d'un ou de deux artisans européens ; ce qui serait un grand secours et une notable économie. En cas de décès, nous devons être prêts à remplacer les morts. De la fréquence des décès dépendra naturellement le chiffre plus ou moins élevé des dépenses. Voici cependant quelques données qui peuvent servir de base à nos calculs.

1° *Pour deux missionnaires et quatre évangélistes, frais de voyage d'exploration et de première installation :*

Deux wagons et leurs attelages . . . . . Fr.	14,000	»
Provisions, médecines, outils et transport . .	6,500	»
Marchandises pour échanges et paiements de toute espèce.	6,250	»
Honoraires de chacun des missionnaires, trois mille francs, soit	6,000	»
Six conducteurs de wagons, six mois de gages.	2,250	»
Quatre évangélistes, chacun mille francs, soit.	4,000	»

Leurs trousseaux et frais de voyage . . . . 3,625 »
Un wagon et attelage. . . . . 7,000 »
Frais d'installation et éventualités. . . . . 3,000 »

                                                   Fr. 52,625 »

A défalquer une première contribution des
    Eglises du Lessouto de. . . . . 10,000 »

Resterait à la charge des Eglises de France . . 42,625 »

    2° *Dépense annuelle pour continuer l'œuvre après le voyage d'exploration et l'installation définitive* (1) :

Honoraires des deux missionnaires. . . Fr. 10,000 »
    Id.   des quatre évangélistes . . . . 5,500 »
Frais de communication avec Schoschong . . 500 »
Louage ou achat de canots pour l'évangélisation 1,250 »
Constructions et entretien de bâtiments. . . 17,500 »

                                                   Fr. 34,750 »

A défalquer une contribution *annuelle* des Eglises
    du Lessouto . . . . 6,000 »

Resterait à la charge des Eglises de France. . 28,750 »

Je vous demande, Messieurs, de peser sérieusement les considérations et les chiffres que je vous soumets. Entreprendre une œuvre à laquelle Dieu ne nous appelle pas, ou refuser de mettre courageusement la main à une œuvre qu'il nous fait l'honneur de nous proposer, sont deux écueils que nous voulons éviter. Arriver à une conviction sincère et profonde du devoir, voilà ce qu'il nous faut. Prendrons-nous notre parti de nous enfermer dans les limites du petit pays du Lessouto que d'autres Sociétés commencent à nous disputer ?

____

(1) Dans cette seconde évaluation des frais, le chiffre des honoraires des missionnaires et des évangélistes est plus élevé, parce qu'ils ne pourraient plus compter sur le renouvellement des provisions et des marchandises, etc., fournies au moment du départ.

Sommes-nous déterminés à ne pas chercher de débouché pour la vie et pour l'action de nos Eglises indigènes ?

Si nous acceptons cette alternative, alors résignons-nous d'avance à renoncer au progrès ; laissons à d'autres d'évangéliser des tribus dont nous possédons la langue ; renonçons à nous avancer vers l'intérieur. Travaillons parmi les Bassoutos sans avoir l'ambition de franchir les bornes de leur pays et de leur existence. Pour cela aussi, il faut un certain héroïsme. Mais Dieu, s'il le faut, peut nous le donner.

Si, au contraire, nous ne pouvons accepter cette alternative, envisageons franchement les sacrifices que nous devrons faire. Pour moi, la question des fonds pâlit devant celle des hommes. Il nous faut des hommes pour le Lessouto, il nous en faut pour le Sénégal, il nous en faudra pour les Barotsis. Mais si nous avons la conviction que cette œuvre nous est donnée de Dieu, nous ne nous laisserons décourager ni par les dépenses, ni par les revers, ni surtout par les morts de ceux qui succomberont à ce poste d'honneur.

Qu'on le comprenne bien, dans cette entreprise, la responsabilité doit surtout reposer sur les Eglises de France, sur vous, Messieurs, qui les représentez. Les Eglises du Lessouto ont fait de sérieuses expériences depuis qu'elles donnèrent essor au premier élan de leur enthousiasme. Elles ont compris la grandeur et les exigences de cette œuvre, et elles ont senti leur faiblesse. Elles ne sont pas découragées, mais c'est à vous qu'elles regardent. Elles vous suivront, mais ne demandez pas qu'elles vous devancent.

Enfin si les données que je puis vous offrir ne vous satisfont pas entièrement, et si vous ne pouvez vous résoudre ni à entreprendre cette œuvre ni à y renoncer, examinez s'il ne serait pas avantageux de faire une nouvelle exploration. Ce serait alors dans le but non seulement de chercher un site comparativement salubre, mais aussi d'étudier la voie la plus facile de communications. Cette expédition à laquelle il faudrait nécessairement laisser pleine latitude d'action, pourrait coûter de 20 à 25,000 francs et durer deux ans. Pendant ce temps, vous amasseriez des ressources et prépareriez des ouvriers.

Je n'ai rien dit de l'opinion de mes collègues, ni de celle de leurs troupeaux. Elles vous sont connues. Nos discussions en conférence et en synode ont été caractérisées surtout par une extrême prudence, et par la crainte de trop s'engager et de trop compromettre la responsabilité des Eglises du Lessouto.

En terminant, un mot sur le Zumbo qu'a désigné notre ami, M. Arthington (1), et sur les parages voisins de Livingstonia. Cette contrée s'étend du 15ᵉ au 12ᵉ parallèle, du 24ᵉ au 30ᵉ méridien, c'est-à-dire du Zambèze au lac Benguéolo, du Nyassa au pays des Barotsis. Elle est peu connue. On la sait pourtant habitée par des tribus dont quelques-unes sont très sauvages et guerrières ; le climat en est comparativement salubre ; la position géographique unique, et l'accès par voie d'eau facile. Les dépenses seraient nécessairement moins considérables.

Pour nous la question à étudier serait de savoir quel avantage la Mission des Barotsis pourrait en retirer. Peut-être pourrait-on se fixer sur un point assez rapproché des Barotsis pour les évangéliser périodiquement dans les saisons les plus favorables, et attirer des jeunes gens dans la station choisie pour en faire l'éducation.

Voilà, Messieurs, les éléments que j'ai pu condenser pour la discussion de la question si grave qui nous occupe. Et que Dieu nous dirige et nous éclaire !

Votre dévoué en Christ,

F. Coillard.

---

(1) M. Arthington est le pieux Anglais qui nous a offert 25,000 francs, à la condition que nous fondions une Mission dont il puisse approuver le site. Il objecte à la vallée des Barotsis comme trop insalubre.

RAPPORT DE M. LE PASTEUR APPIA

Messieurs et honorés frères,

La Commission exécutive, appelée à formuler un préavis sur le rapport présenté au Comité par M. Coillard, a commencé par jeter un coup d'œil d'ensemble sur la série chronologique des faits qui ont amené la question d'une expédition missionnaire au Zambèze au point où elle se trouve actuellement ; nous vous engagerons à en faire d'abord autant, persuadés que le passé est propre à éclairer notre jugement sur les décisions à prendre, dussions-nous même rappeler des faits souvent reproduits dans nos journaux de Missions.

I. LE PASSÉ DE L'ENTREPRISE

Premier Synode.

On se souvient que nos missionnaires du midi de l'Afrique, après avoir longtemps préparé les chrétiens indigènes à une vie autonome, se décidèrent, en 1872, à convoquer un Synode des Eglises du Lessouto, qui se réunit le 25 octobre 1872. Cette manifestation toute nouvelle provoqua une vive opposition de la part des païens ; plusieurs fidèles, en particulier le courageux Asser, eurent à souffrir pour leur foi ; mais les Eglises, à peine sorties de l'enfance, acquirent un sentiment plus réel de leurs forces et mesurèrent pour la première fois leurs responsabilités. L'arrivée de nouvelles recrues venues d'Europe à la même époque donna le branle à des plans et à des entreprises d'extension vers le Nord.

En effet, conformément aux décisions du Synode de l'Eglise

libre du canton de Vaud tenu à Morges, vers la fin de 1871, MM. Berthoud et Creux se décidaient à aller renforcer notre mission du Lessouto. M. et Madame Creux, prenant les devants, partaient en compagnie de M. et Madame Preen, s'embarquaient le 25 février 1872 pour le Cap et arrivaient à Aliwal le 3 mai de la même année.

Le 21 novembre 1872, M. et Madame Berthoud partaient à leur tour de Londres pour le Lessouto, en compagnie de M. et Madame Cochet, de MM. Kohler et Ch. Maitin, et arrivaient au Cap le 26 décembre 1872 et à Port-Elisabeth le 3 janvier 1873. La conférence, tenue en avril 1873, fut fort encouragée par ces renforts. « L'année dernière, » dit-elle dans son rapport, « nous déplorions notre petit nombre.... « aujourd'hui, quatre jeunes frères nous offrent leurs bras « vigoureux, et notre excellent collègue, M. Cochet, est re- « venu de France ; la conférence a souscrit à une proposition « portant que M. Berthoud irait voir sur les lieux quelles « sont les dispositions de quelques fractions de la grande « tribu des Bapélis au sud du Limpopo. Des jeunes gens « appartenant à ces peuples lointains ont été élevés dans les « écoles du Lessouto et sont employés avec succès dans « notre mission. Leur ardent désir est de retourner parmi « leurs compatriotes pour leur porter la parole de vie.

« Depuis longtemps, leurs sollicitations émouvaient « M. Mabille et lui faisaient sentir la nécessité de déterminer « s'il n'y avait pas là un appel de Dieu. Ses frères, sachant « combien cette question lui tenait à cœur, l'ont autorisé à « accompagner M. et Madame Berthoud. Ils l'ont fait d'au- « tant plus volontiers que la santé de M. Mabille et de sa « femme nécessitait un temps de relâche. Il a été convenu « qu'ils s'adjoindraient quelques-uns des jeunes gens dont il « vient d'être parlé. »

Expédition de MM. Mabille et Berthoud.

En conséquence, MM. Mabille et Berthoud et leurs femmes, accompagnés des évangélistes Eliakim, Asser et Josias, partaient au commencement de juin 1873 ; le 29, ils dépassaient Prétoria et arrivaient chez Sékoukouni dans le courant du mois d'août.

Ce que n'avaient pas prévu nos frères et amis du Lessouto arriva : le sombre tyran Sékoukouni, qui avait chassé de ses Etats les missionnaires de Berlin et persécuté avec acharnement les nombreux chrétiens bapélis, ne reçut pas les missionnaires français. MM. Merenski et Winter, qu'ils virent près de la station de Botsabélo, le leur annoncèrent très catégoriquement à l'avance ; à leur avis, la demande adressée à Sékoukouni ne pouvait aboutir qu'à un refus ou à des violences. En effet, le lendemain de leur arrivée, le frère du chef, Mamaréga, leur intimait l'ordre de quitter immédiatement le pays. Il fallut obéir ; nos missionnaires laissèrent Josias à Molépo, chef mopéli du village de Masemolé, acceptèrent l'invitation qui leur avait été précédemment faite par le Rév. Neethling de visiter M. Hofmeyer à Zoutpansberg, et, le 28 août, ils étaient à Goedgedacht. Ainsi les portes ne s'ouvraient pas chez Sékoukouni et nos frères constataient en outre sur les lieux que leur connaissance incomplète de la situation risquait de les mettre en conflit avec la Société de Berlin qui a les premiers droits sur ce terrain, puisqu'elle y est depuis longtemps active, et que le sol y a été rougi du sang de ses martyrs : ils décidèrent donc de revenir sur leurs pas et d'envoyer deux de leurs évangélistes, Eliakim et Asser, explorer, au point de vue de la mission, le pays situé au delà du Limpopo. Nos missionnaires eux-mêmes et leurs femmes, après avoir visité les Makouapas et les Baramapulanas, avoir vu les chefs Thabana et Pafouli et passé près des gens de Mochaché et des Bathlokoas, peuplades qui toutes parlent sessouto, se décidèrent à ne pas franchir le Limpopo, comme quelques-uns les y engageaient. On leur parla de la tribu intelligente des Mashonas, à l'est des Matébélés, et surtout de celle des Banyaïs, qui s'étendent jusqu'au Zambèze. Un chasseur raconta qu'un soir, faisant sa prière avec les siens, il avait été frappé du recueillement respectueux que témoignèrent quelques Banyaïs qui l'avaient suivi pour se nourrir de la chair des éléphants qu'il tuait ; ils lui apprirent que la tribu des Banyaïs observait le repos du septième jour et avait beaucoup d'autres habitudes nationales qui semblaient indiquer un contact antérieur avec les chrétiens. Ces renseignements firent concevoir bonne espérance pour le travail de reconnaissance d'Asser et, après un heureux voyage, MM. Mabille et Berthoud rentraient dans leurs stations en novembre 1873.

Leurs récits intéressèrent vivement les missionnaires et les troupeaux, et donnèrent un caractère tout nouveau d'actualité aux discussions qui s'ouvrirent au Synode de Morija dans lequel MM. Coillard et Mabille parlèrent de la mission intérieure et extérieure.

« Quand on a parlé d'une mission extérieure, dit le rap-
« port, l'entraînement a été général. Chacun a compris que
« travailler à l'évangélisation des tribus du nord était non
« seulement un impérieux devoir, mais aussi u.. moyen
« d'unir et de réveiller les Eglises. On pensait que ce serait
« assez d'avoir abordé cette question, mais un délégué ayant
« déposé sur la table 3 fr. 20 qu'il avait dans sa poche, un
« instant après la collecte atteignit 800 fr. ; en sorte que
« M. Jousse s'écriait : « Dieu soit loué, nous avons à notre
« tour une Société de Missions ! » On proposa d'acheter de
« suite un wagon et des bœufs, et d'envoyer à Eliakim, l'un
« des évangélistes de la région du Limpopo, sa femme, ses
« enfants et quelques ouvriers de plus. »

A peu près en même temps, nous apprenions que M. H. Dieterlen, consacré à Paris le 12 novembre 1874 et débarqué au Cap le 23 décembre 1874, était arrivé à Morija le 13 janvier 1875, puis que MM. Berthoud et Creux s'étaient dirigés vers le nord du Transvaal pour y fonder la mission vaudoise indépendante des Spelunken (ou Valdésia), après avoir fait leurs adieux à la conférence d'Hermon, qu'on appela celle des Adieux (M. Dyke aussi se rendait en Europe). Vers la même époque, le major Malan, déchargé enfin de ses fonctions militaires, venait de commencer sa tournée de visites d'évangélisation et d'édification dans les stations du midi de l'Afrique.

Un grand vent de vie et de réveil soufflait sur les pays anglo-saxons à la suite des visites de Moody et Sankey, et nous fûmes heureux d'apprendre que nos stations de l'Afrique méridionale avaient eu, leur part des bénédictions accordées aux Eglises d'Europe, et cela, soit à la suite des conférences missionnaires de Kingwilliamstown, soit après les visites du major Malan.

A l'assemblée annuelle tenue à Paris le 15 avril 1875, on put déjà annoncer que des faits récents et importants avaient fait avancer de quelques pas la question de la mission nou·velle.

Voyage et retour d'Asser.

« Deux évangélistes bassoutos, laissés sur les lieux », disait le rapport de 1875, « travaillent depuis deux ans au delà du « Limpopo avec un zèle si actif et avec un succès si encou- « rageant, que la conférence, tenue en février 1875, vient « de se décider à établir immédiatement une mission chez les « Banyaïs qui ont demandé eux-mêmes l'envoi de mission- « naires. Cette œuvre sera uniquement confiée, pour le mo- « ment, à des évangélistes indigènes et entièrement soutenue « par les Eglises du Lessouto... Nos frères sont persuadés « que l'existence de cette œuvre, essentiellement indigène, « exercera la plus heureuse influence sur leurs Eglises dont « elle excitera le zèle, l'activité et la vie. Bénissons Dieu de « voir ces jeunes Eglises faire ainsi un acte de majorité. »

En effet, Asser était parti le 18 mai 1874 de la station de
M. Hofmeyer, et, muni de tous les articles nécessaires pour
l'échange, il avait poussé vigoureusement sa reconnaissance
vers le Nord ; revenu, vers la fin de 1874, des bords du Limpopo, il avait parcouru plein d'ardeur et d'un noble enthousiasme les Eglises du Lessouto, excitant partout le zèle missionnaire.

« Mes amis, disait-il, j'aurais bien voulu rester là, mais
« c'était impossible. Mon missionnaire m'avait ordonné de
« revenir lui faire un rapport sur ce que j'aurais vu ; ma
« famille était ici ; il m'a donc fallu revenir ; mais si j'avais
« pu couper ce bras et le planter afin qu'il devînt mission-
« naire, je l'aurais coupé ; si cette jambe avait pu se trans-
« former en missionnaire, je l'aurais coupée également, afin
« que l'Evangile fût annoncé dans ces régions. » On se
souvient de l'intérêt que cette perspective nouvelle donna à
l'assemblée annuelle de 1876, et comment tous les cœurs en
étaient pleins.

Ainsi que le remarquait alors notre cher président (voir le
rapport de 1876), une ère nouvelle semblait s'annoncer. « Du
« sein de la génération actuelle », disait-il, « s'élève un groupe
« de néophytes si touchés des vérités de l'Evangile, si recon-
« naissants de la grâce que le Seigneur leur a faite, qu'ils con-
« çoivent à leur tour la pensée d'embrasser la belle vocation
« missionnaire. S'il y a encore parmi les protestants français
« des hommes qui se montrent indifférents aux travaux de
« nos missionnaires, ne sommes-nous pas autorisés à leur
« dire : Ne vous refusez plus à l'évidence, voyez et jugez ! »
et il ajoutait : « Plus tard, ils pénétreront, s'il plait à Dieu,
« plus loin encore, ils atteindront les rives du Zambèze ; ils
« porteront la parole du salut jusque dans les contrées équa-
« toriales vers lesquelles se concentrent en ce moment de si
« grands efforts, et nous aurons peut-être la joie de les voir
« marcher sur les traces de Livingstone, l'illustre ami et
« collaborateur de nos premiers missionnaires. »

Cependant le vieux missionnaire Dyke nous disait . « il ne
« faut pas vous imaginer que les missionnaires ni les Eglises
« du Lessouto puissent suffire à tous les besoins de cette
« nouvelle mission. Dieu lui-même vous confie cette entre-
« prise et je ne doute pas que vous ne soyez prêts à l'ac-
« cepter. Nous lui avons demandé d'élargir le champ de
« notre activité ; il l'a élargi. Nous lui avons demandé de
« nouveaux ouvriers, et ils sont là pleins d'énergie, de zèle
« et du désir de consacrer leurs talents et leur vie, s'il le
« faut, au service de Jésus-Christ... Maintenant où sont les
« ressources? Dieu les a mises entre vos mains. Employez-les
« avec foi, avec prière, et le Seigneur bénira votre fidélité
« comme il a déjà béni votre mission chez les Bassoutos. »

Expédition de M. H. Dieterlen.

Dans la même séance, on annonçait qu'au moment même,
M. H. Dieterlen partait pour les bords du Limpopo. En
effet, les choses avaient marché dans le Lessouto. Pour mettre
à exécution la décision de la conférence du mois de février
1875, une nouvelle réunion de nos missionnaires s'était tenue
à Morija, et, le 26 août 1875, M. H. Duvoisin nous envoyait,
au nom de la conférence, le rapport dans lequel il écrivait : « Nous n'avons pas besoin de vous dire que nous con-
« sidérons cette entreprise comme l'un des plus grands
« événements qui puissent se passer dans notre mission. Les
« Eglises du Lessouto, dont quelques-unes comptent déjà
« près de quarante ans d'existence, se sont développées,
« comme vous le savez, graduellement, en fondant autour
« d'elles des annexes dont le nombre et l'importance vont
« croissant d'année en année. Cette mission intérieure suffi-
« rait bien sans doute, pendant quelque temps encore, à
« exercer le zèle de nos Eglises, mais depuis longtemps déjà
« la pensée que le Seigneur nous appelle à évangéliser le
« tribus habitant plus avant dans l'intérieur de l'Afriqu

« s'est peu à peu imposée à nous, et après des tâtonnements
« considérables, il nous semble que le moment est venu de
« mettre la main à l'œuvre. Nous croyons que la voie où
« nous entrons est bien celle où le Seigneur nous appelle ;
« nous avons l'assurance qu'il nous dirigera et bénira nos
« Eglises par les efforts mêmes qu'elles feront pour porter
« l'Evangile aux Banyaïs. » La décision était prise ; il fallait
maintenant l'effectuer ; or, le gouvernement du Transvaal
refusait absolument de laisser passer les évangélistes bassoutos ; le 13 janvier 1876, une conférence extraordinaire,
tenue à Bérée, reconnaissant l'impossibilité de tourner le
Transvaal, décida qu'un missionnaire blanc, M. Dieterlen,
conduirait l'expédition.

L'échec de cette première expédition vous est connu. Parti
du Lessouto après le Synode de Léribé, en avril 1876, notre
frère Dieterlen arrivait au Vaal le 30, traversait Prétoria le
8 mai, était arrêté par les autorités de la république du
Transvaal, ramené à Prétoria trois jours après et rendu à la
liberté, moyennant la caution de 7,500 francs fournie par le
missionnaire berlinois Grünberger. Il rentrait triste, mais non
découragé, dans le Lessouto, et acceptait provisoirement la
station de Hermon. Cet échec n'épuisa point le zèle ni le dévouement des Eglises du Lessouto, et quand on a connu les
difficultés très grandes que rencontra l'expédition dirigée
par M. Coillard, on ne s'étonne pas que notre frère Dieterlen
ait béni Dieu d'avoir confié à des mains plus expérimentées
que celles d'un missionnaire à peine établi au Lessouto, la
conduite de la petite caravane, qui allait se trouver dans des
circonstances requérant la longue expérience d'un missionnaire familiarisé avec le caractère et les mœurs des tribus et
des chefs de l'Afrique.

Le courage des Eglises ne se démentit point après l'échec
de la première expédition. « Si j'en juge par la mienne,
« écrit M. Germond en juillet 1876, elles n'ont point été dé-
« couragées par ce premier échec. Ils ont été mis en prison,

« dit-on autour de nous, c'est preuve que nos missionnaires
« sont vraiment des disciples de Jésus-Christ. Aidons-les !
« Paul et Silas fu ·nt aussi mis en prison en arrivant à
« Philippes. » « Notre expédition, écrit M. Mabille, pourra
« se joindre aux missionnaires américains qui vont com-
« mencer une œuvre chez les Bamozilas, à l'est des Banyaïs.
« Nous avons fait appel à nos Eglises pour des fonds et des
« bœufs. On a dépensé fr. 2,125 ; il nous reste fr. 2,575, mais
« il en faut 6,250 ; nous avons 21 bœufs de trait, il en faudra
« encore 30. »

A ces nouvelles, les chrétiens écossais, réunis à Perth en
septembre 1876, envoyèrent une lettre d'encouragement aux
Eglises du Lessouto dans laquelle ils disaient : « Nous nous
« réjouissons de ce que le Seigneur a soutenu la foi de votre
« Eglise et de nos frères bien-aimés de France qui travaillent
« pour lui au milieu de vous. Vous n'avez pas faibli dans l'é-
« preuve ; vous êtes résolus à ne pas renoncer à votre des-
« sein et à prendre une route plus longue pour atteindre les
« populations auxquelles vous désirez prêcher l'Evangile.
« Nous prions pour vous, pour vos chers délégués en parti-
« culier et pour toutes les Eglises d'Afrique. » A la même
occasion, lord Polwarth remettait au major Malan 4,500 fr.
pour la mission des Banyaïs. Pour n'omettre aucun fait, nous
rappelons que, le 30 septembre, le Bulletin missionnaire de
Lausanne annonçait la guerre du Transvaal et l'arrestation de
MM. Berthoud et Creux ; quant à Bethuéle, l'évangéliste, il
profitait de ce désarroi pour franchir le Limpopo et pénétrer
lui aussi chez les Banyaïs.

Départ de M. et Madame Coillard.

La conférence de Thaba-Bossiou de novembre 1876, appelée à prendre des mesures pratiques pour donner suite à
l'œuvre commencée, désigna pour cet objet M. et Madame
Coillard, qui déjà se disposaient à partir pour l'Europe, et

M. Coillard écrivait en date du 23 janvier 1877 : « Après dix
« jours, nous avons pu joyeusement faire taire les conseils de
« la chair et du sang et dire au Seigneur une fois de plus :
« Nous voici, fais de nous ce qui te semblera bon. Nous
« sommes cependant hantés par le sentiment de notre inca-
« pacité et de notre ignorance ; mais ce qui nous soutient,
« c'est que Dieu veut bien quelquefois se servir des choses
« faibles de ce monde pour confondre les fortes... Dieu vou-
« lant, je me propose de seller mon cheval et d'aller à Natal
« pour m'occuper de nos achats... Le Seigneur nous sou-
« tiendra jusqu'au bout. Il sera notre force. »

De retour de Natal, M. Coillard versait à la caisse 1,650 fr.
collectés par lui dans la colonie, et, toute difficulté politique
ayant disparu par l'annexion du Transvaal aux possessions
anglaises, il quittait le Lessouto suivi des ardentes prières et
des espérances de l'Eglise.

Résumé chronologique.

La caravane partait le lundi . . . . . . 16 *avril* 1877
arrivait à Heidelberg . . . . *le* 8 *mai*
à Prétoria . . . . *le* 19 *mai*
à Goedgedacht . . . . *le* 22 *juin*
à Valdésia (district des Spelunken). . . . . *le* 30 *juin*
et après une visite au missionnaire Schwellnus, de Berlin,
qui eut lieu. . . . . *le* 17 *juillet*
elle partait de Goedgedacht pour le pays des Banyaïs et traversait le Limpopo. . . . . . . *les* 26 *et* 27 *juillet* 1877

Loin d'être reçus à bras ouverts par la population, nos
missionnaires sont menacés de mort par le chef des Banyaïs
Masonda, près de chez Mayakobé . . . . . . *le* 29 *août*
Ils arrivent à Nyanikoé. Là ils voient . . . *le* 4 *septembre*
arriver une petite armée de Matébélés qui les force d'aller à
la résidence de Lo-Bengula et les emmène prisonniers de
Nyanikoé. . . . . *le* 24 *novembre*

ils arrivent devant la résidence de Lo-Bengula *le* 15 *décembre*
à Bolawayo . . . . *le* 1er *janvier* 1878
Là, ils sont contraints de rester trois mois, suivant d'étape en
étape la vie nomade du cruel roi des Matébélés. Enfin,
M. Coillard écrit qu'après un refus formel de Lo-Bengula,
il va être obligé de rebrousser chemin . . *le* 5 *mars* 1878
Il quitte la station du Révérend Thomas . . . *le* 26 *mars,*
part de chez les Matébélés au commencement d'*avril* 1878
arrive chez les Bamanguatos, par Tati. . . . *le* 27 *avril*
Encouragé par Khama et par le missionnaire Hepburn, M. Coillard se décide à aller au Zambèze . . . . *le* 8 *juin* 1878
    Il part de Schoschong . . . . *le* 14 *juin*
arrive à Leshoma. . . . . *le* 26 *juillet*
et touche pour la première fois le Zambèze *le* 1er *août* 1878
Il nous annonce . . . . *le* 20 *septembre*
la mort de Khosana, et plus tard celle d'Eléazare. Il quitte
Leshoma. . . . . *le* 13 *novembre*
est de retour à Schoschong. . . . . . *le* 31 *décembre*
est attaqué en route par les Bapélis de Mélcboho à Blauw-
berg . . . . *le* 15 *avril,*
visite Séléka. . . . . *le* 5 *mars* 1879
et y place quelques évangélistes. Sa visite à la chefesse Mochaché a lieu. . . . . *le* 7 *avril.*
    M. Coillard rentrait au Lessouto vers *le mili u de l'année* 1879
arrivait à Thabana-Morèna . . . . . *le* 15 *juillet* 1879
jour de la mort de Madame Emile Rolland. Après les conférences de Morija, M. Dieterlen écrivait au Comité de Paris
un rapport détaillé. . . . . *le* 1er *août* 1879
rapport qu'on fera peut-être bien de relire (Voyez journal de
décembre 1879).

II. CONCLUSIONS

Ce rapide coup d'œil sur les huit dernières années suffit à
démontrer que l'expédition missionnaire du Zambèze est le
résultat naturel du développement des forces expansives de
nos Eglises d'Afrique, aussi bien que d'une légitime ambition
de nos frères de la mission du Lessouto. Ceux-ci, voyant le
continent s'ouvrir de toutes parts à l'Evangile, désirent n'être
pas définitivement dépassés et confinés dans une œuvre qui
perd chaque année davantage le caractère d'une mission de
pionniers. Qu'il s'agisse avec MM. Mabille, Berthoud et Creux
des Bapélis, avec Asser et la première expédition, des
Banyaïs, avec M. Coillard des Barotsis, ou avec quelques-uns
de nos frères éventuellement du lac Nyassa, tous ces tâtonnements et ces recherches d'un nouveau champ de missions
sont l'expression du désir des chrétiens du Lessouto de ne
pas garder pour eux seuls le trésor de l'Evangile que Dieu
leur a confié. Personne ne saurait méconnaître dans ce désir
un symptôme de santé religieuse, une de ces aspirations
jeunes des Eglises d'Afrique qui doit exciter la plus réelle sympathie de la Société mère, alors même qu'il pourrait s'y être
mêlé d'abord une certaine mesure d'illusion, d'ignorance et
de confiance exagérée dans leurs forces propres. C'est ici, ou
jamais, le cas de suivre l'exemple d'un bon éducateur, qui,
après avoir amené son élève à l'adolescence, lui aide à réa-
liser les plans légitimes qu'il a formés lui-même et ne profite
jamais de ses maladresses pour décourager ses aspirations
d'indépendance ou triompher de ses insuccès. Evidemment,
ces jeunes Eglises attendent et sont en droit d'attendre de
leurs aînés, de ceux qu'elles appellent leurs pères, ces conseils et ces encouragements de haute et forte bienveillance,
qui soutiennent des efforts autrement insuffisants.

Cette considération tout à fait générale suffirait pour

exclure une décision qui tendrait à ne plus donner suite aux essais jusqu'ici tentés par les Eglises du Lessouto, avec l'approbation du Comité ; ou tout au moins pour n'accepter cette défaite que lorsqu'il serait bien démontré qu'elle est inévitable et infligée par Dieu.

Nous sommes ainsi amenés à décider en principe que le Comité de Paris, loin de considérer l'incident comme clos, va s'occuper activement à chercher les meilleurs moyens de seconder et de continuer les efforts qu'ont faits les Eglises du Lessouto pour fonder une mission nouvelle, essentiellement alimentée par des évangélistes indigènes, chez les peuplades encore païennes habitant au nord du Limpopo.

Des considérations secondaires, mais de quelque importance néanmoins, doivent nous recommander cette décision générale.

L'état politique et les tendances des directeurs de la Colonie du Cap et, par conséquent, de ceux du Lessouto qui en dépend, paraissent de nature à décourager plutôt qu'à stimuler les instincts d'activité et d'indépendance de la petite nation des Bassoutos. Nos missionnaires, à qui elle a été surtout redevable d'avoir été traitée avec quelques égards, ont signalé plusieurs fois l'influence fâcheuse que peut avoir sur la force morale, la dignité personnelle et les efforts du peuple, le régime de désarmement, dont l'objectif plus ou moins rapproché semblerait être l'anéantissement de la nationalité des Bassoutos, la suppression de la réserve et l'assimilation des noirs du Lessouto à ceux de la Colonie. Ne serait-il pas hautement désirable que la partie chrétienne de la nation devînt là véritable héritière du passé et conservât, sur un terrain purement moral, intellectuel et religieux, le bénéfice du passé et des efforts du roi Moshesh, transformant ainsi ces aspirations nationales, ces ambitions justes, dont des chefs restés païens n'ont pas su renouveler et purifier la source et ne sont peut-être plus désormais les véritables représentants ? Ne serait-il pas possible et glorieux que la nation chrétienne des Bassoutos, sauvée de la ruine par l'Evangile, consacrât à son tour à l'Evangile ses forces les plus vivaces ?

Il est une autre considération, également secondaire, qui peut être signalée. Les travaux missionnaires d'autres Sociétés ne seraient-ils pas seuls à bénéficier de la faveur dont jouit actuellement l'Afrique et toute entreprise ayant pour but sa régénération, si la Société de Paris, quittant sa position avancée sur la première ligne de combat, abandonnait la tradition des temps de nos pionniers et laissait à d'autres l'esprit de conquête ?

Le temps est éloigné encore où les Eglises de France pourront se retirer du champ du Lessouto et abandonner à elles-mêmes ces Eglises fondées par leur mission ; cependant c'est à ce résultat que doit tendre, dans un avenir plus ou moins distant, toute œuvre missionnaire. Quand ce résultat serait atteint, le protestantisme français aurait-il terminé sa tâche missionnaire ? ou bien irait-il porter ses forces dans des champs qui n'auraient aucune relation avec son passé et où, arrivée là dernière, elle serait obligée de demander la place qu'on lui laisserait comme par faveur ? Sans exagérer la valeur de cette considération, sans oublier que nous avons des stations de grande importance à Taïti et au Sénégal, toujours est-il que la mission des Eglises de France ne saurait être à tout jamais identifiée à l'œuvre spéciale du Lessouto, et que, d'autre part, il est désirable que son mouvement d'expansion soit en rapport avec son passé. Enfin ne serait-il pas difficile de concevoir qu'ayant refusé d'employer les forces actuellement disponibles, préparées par des temps qui ne se reproduiront plus au Lessouto, la mission française se trouvât plus tard mieux en mesure de profiter des bonnes dispositions des chrétiens indigènes dont les forces auraient déjà été absorbées peut-être par d'autres activités ?

La rapidité avec laquelle marchent dans ces derniers temps les entreprises missionnaires africaines nous font désirer aussi, comme nous l'avons observé, de n'être pas trop tôt dépassés par d'autres. Déjà le Transvaal est occupé par les Sociétés de Berlin, du canton de Vaud, de Hermannsbourg et de Hollande. Si la porte du Bonyaï se rouvrait et que ces Sociétés fussent avant nous en mesure d'y pénétrer, toute issue du côté du nord nous serait, si ce n'est fermée, du moins rendue très difficile. La Société de Londres aura toujours les premiers droits sur les Matébélés, si jamais leur régime venait à changer et que ce peuple fût puissamment entamé par l'Evangile ; elle a ses stations chez les Béchuanas et les Bamangouatos. A l'ouest, la Société de Barmen s'avance vers le Cunène et vers les peuples qui parlent des langues de la famille des Damaras et des Héreros. Il semble donc que là aussi les portes doivent se fermer pour nous.

A ces considérations de détail et en partie d'un ordre secondaire, ajoutons une observation motivée par les comptes rendus de M. Coillard.

Lorsque le Comité eut appris l'insuccès de son expédition chez les Banyaïs, il se demanda avec inquiétude vers quel point se dirigeraient nos pas, et si tous les efforts, tous les sacrifices faits par les chrétiens du Lessouto et aussi en quelque mesure par nous, aboutiraient à la constatation douloureuse que nous nous étions étendus au delà des bornes fixées par les voies de la Providence. Ce sentiment fut partagé par les amis des missions, et pour donner à nos frères le témoignage de leur approbation, les représentants des principales Sociétés de missions actives dans l'Afrique méridionale réunis à Richmond, près de Londres, envoyèrent au Comité une déclaration portant que : « quelle que fût « l'issue finale de l'expédition, la Société des Missions de « Paris avait grandement sujet de bénir Dieu pour le bel « exemple de foi, de dévouement et de persévérance que « ses missionnaires et leurs troupeaux avaient donné à « toutes les missions du sud de l'Afrique. » Cette adresse était signée, outre MM. Malan et Appia, par : J. E. Carlyle,

Rév. D. Murray-Mitchell, le regretté Rév. D. H. Mac-Gill,
D. Stewart de Livingstonia, Rév. D. Wangemann, Rév.
D. Schreiber, James Stephenson de Glasgow. Il n'en est pas
moins certain qu'un retour pur et simple dans le Lessouto,
dicté peut-être par la prudence, attendu même par nos missionnaires du Lessouto, eût été à vues humaines un motif, si
ce n'est de découragement, au moins de regrets. M. Coillard
n'ayant pas encore reçu les lettres encourageantes que lui
adressait le Comité de Paris ni les appréciations un peu ré-
servées de la conférence du Lessouto, ne put prendre con-
seil que de Dieu et des frères chrétiens qui l'entouraient à
Schoschong, et sans engager la responsabilité de personne,
il partit pour le Zambèze avec sa courageuse compagne et
ses évangélistes; nous n'hésitons pas à dire que, dans cette
décision toute personnelle, il a bien mérité de la Société et
des Missions en général, et contribué efficacement à maintenir la question de la mission française à une hauteur d'intérêt qui est désirable pour son succès et propre à glorifier
notre commun Maître.

Mais ce qui est plus important que cette approbation,
c'est que, pas un seul instant, notre frère n'a hésité dans
sa résolution, et que ni lui ni ses compagnons n'ont jamais
douté que ce ne fût la voie indiquée par Dieu.

Sans donner aux faits intérieurs et aux impressions qu'on
pourrait appeler psychologiques une importance qu'elles
n'ont pas, il nous sera permis de reconnaître dans cette
assurance un témoignage à l'appui de la direction générale
que nous suivons.

Nous entrons ici sur un terrain personnel où nous sommes
tenus à la réserve. On ne saurait désirer de transformer un
missionnaire capable et fidèle en un explorateur, et si la car-
rière générale de Livingstone a légitimé la voie qu'il suivit
après avoir quitté sa station de Kolobeng, nous ne saurions
ni oublier les critiques auxquelles il s'exposa, ni le fait que
son caractère et ses goûts étaient d'accord avec la mission

qu'il se donna et à laquelle Dieu a apposé plus tard le sceau de son approbation. Or, dans le cas actuel, il ne s'agit pas du tout de détacher nos ouvriers du champ modeste de la prédication missionnaire pour en faire des explorateurs et des géographes ; mais le fait actuel est que M. Coillard a quitté sa station de Léribé, que cette station est pourvue, qu'il a développé dans l'expédition du Zambèze des qualités qui semblent le désigner spécialement à être, pour un temps, un missionnaire-pionnier, et que, sans anticiper sur les décisions du Comité devant lesquelles la conférence a déclaré vouloir se récuser, il se déclare prêt à continuer l'œuvre ou le travail de reconnaissance qu'il a commencé. Une pareille offre doit aussi peser dans la balance de nos décisions.

Mais ici se posent deux questions préalables, celle des hommes et celle des fonds ; pour résoudre l'une et l'autre, il faut du temps encore. Les premières conférences de M. Coillard n'ont pas été inutiles à cet égard ; déjà deux laïques sérieux, chrétiens, ayant quelque expérience de l'œuvre de l'évangélisation populaire, se sont offerts volontairement, prêts à partir pour le Zambèze avec M. Coillard, si le Comité les accepte. D'autre part, le Comité continue à considérer l'entreprise nouvelle comme devant être essentiellement poursuivie par des forces indigènes. C'est par elles qu'elle a été commencée, c'est pour elles que s'est formé en Angleterre un Comité auxiliaire, et c'est comme manifestation des forces expansives des Eglises du Lessouto que le Comité de Paris a considéré d'emblée et a encouragé l'entreprise. L'expérience a prouvé à nos jeunes Eglises d'Afrique qu'elles ont plus besoin de nous qu'elles ne le croyaient d'abord ; nous savons cependant qu'elles nous préparent non seulement un subside de fr. 10,000, mais aussi un nombre croissant de collaborateurs et d'évangélistes noirs.

Quant aux fonds, il est évident que nous sommes obligés de nous demander si nous pouvons sagement entreprendre une œuvre nouvelle au moment où, malgré l'effort exceptionnel de l'an dernier, nos comptes se sont soldés de nouveau par un déficit de fr. 14,000.

L'objection subsistera aussi longtemps qu'elle n'aura pas été résolue par les faits. Une Société ne peut dépenser que ce qu'elle est en droit d'attendre régulièrement de ses commettants, à moins que des dévouements particuliers et des dons supplémentaires ne viennent lui montrer qu'elle a la liberté de mettre la main à une œuvre nouvelle, ou qu'un fait tout à fait extraordinaire ne lui prouve que l'heure du Seigneur a sonné. Qu'est-ce que Dieu nous indique par l'état actuel de nos ressources ? Il est parfaitement évident qu'à moins de vouloir arrêter le développement de la Mission du Lessouto, on ne saurait prélever sur le budget qui lui est affecté de quoi suffire à l'œuvre qu'il s'agit de créer. Mais il ne faut pas exagérer la difficulté, la somme nécessaire n'est pas exorbitante ; ne pouvons-nous pas faire appel spécialement aux chrétiens de France et leur demander de donner, outre leurs souscriptions régulières, une contribution spéciale qui nous permette de maintenir la mission française dans ses bonnes traditions de combat ? La réponse à cet appel spécial sera un moyen de nous éclairer encore sur la volonté de Dieu et d'éviter toute solution prématurée. Les fonds de première exploration et d'installation ne nous viendront-ils pas aussi d'Angleterre ?

Un généreux ami anglais a dès longtemps fait espérer au Comité une forte contribution pour l'œuvre entreprise par nos missionnaires. Cette contribution annoncée et presque promise, quoique avec réserve, n'a pas encore été versée ; ne serait-il pas possible de l'obtenir sans des conditions trop onéreuses, et cela pour un autre voyage de reconnaissance, dont le but avoué serait de fonder une mission nouvelle près du Zambèze ? Et si M. Arthington indiquait un certain itinéraire et un certain objectif, — tout en respectant suffisamment notre liberté, — ne devrions-nous pas chercher à entrer le plus possible dans ses vues, afin de ne pas dépasser les proportions de la sagesse ? Car il nous sera, dans tous les cas, difficile de demander à la charité des Eglises une augmentation de fr. 50,000, aussi longtemps que le but de la mission, l'itinéraire et le champ d'action de nos ouvriers ne seront pas encore nettement définis.

Le rapport de M. Coillard pose trois alternatives : la première, savoir l'abandon de l'entreprise, nous semble devoir être exclue par le Comité, jusqu'à ce qu'il nous soit bien prouvé par des faits nouveaux que nous y sommes réduits.

La seconde est l'établissement d'une mission chez les Barotsis, dont le coût serait de 56,000 fr. Or, eussions-nous sous la main cette somme, les données que nous avons ne sont pas suffisantes pour que nous envoyions dès à présent une mission complète dans un pays dont les portes peuvent avoir été fermées par les récentes guerres, dont les conditions climatériques nous sont encore aussi incomplètement connues que nous l'indique le rapport de M. Coillard et dont la population n'est pas encore tellement préparée ou avide de recevoir l'Evangile que l'appel qu'elle nous adresse doive contrebalancer toutes les appréhensions que fait naître le climat.

Reste donc la dernière alternative, celle d'un nouveau voyage de reconnaissance, dont la direction serait confiée à M. Coillard accompagné d'un ou de deux collaborateurs. Ils iraient d'abord visiter la petite station de Séléka, en retireraient quelques-uns des évangélistes qui grossiraient leur expédition, et, après une visite au chef des Barotsis, fixeraient, d'accord avec lui, s'il y a lieu, le site d'une station centrale sur le point le plus salubre et le plus élevé de la contrée.

Si décidément toute la contrée avait le même caractère d'insalubrité que la vallée du Zambèze elle-même, nos missionnaires seraient chargés de chercher, soit dans le Kafué, soit du côté du Bihé, un lieu qui pût être favorable à un établissement missionnaire. Si là encore toute porte leur était fermée, ils pourraient redescendre le fleuve et rejoindre les établissements écossais de Blantyre et de Livingstonia, et combiner leur œuvre nouvelle avec celle des Ecossais, tout en déterminant nettement quel serait le champ assigné à la mission française, et si cette solution leur paraissait irréalisable et qu'en particulier le voyage du Kafué au Nyassa fût trop difficile, ils se contenteraient d'établir entre le pays des Barotsis et Séléka ou Schoschong, ou telle autre localité, des relations assez bien définies avec le Lessouto pour que de temps en temps de jeunes Barotsis pussent y être attirés et élevés sous l'influence de l'Evangile. En résumé :

Le Comité des Missions évangéliques de Paris, reconnaissant envers Dieu de la manière miséricordieuse dont Il a secondé et guidé jusqu'ici les efforts que les Eglises du Lessouto ont faits pour porter l'Evangile aux païens du nord du Limpopo, frappé de la manière dont Il a daigné garder en particulier notre frère Coillard, sa compagne et ses compagnons de route et les conduire à des tribus qui comprennent la langue des Bassoutos ; vu le concours en hommes et en argent que les Eglises du Lessouto ont promis à la nouvelle entreprise ; se confiant, pour l'avenir, en ses directions paternelles, décide qu'il sera envoyé au Zambèze une nouvelle expédition chargée de mieux reconnaître le terrain et munie de pleins pouvoirs pour fonder une station dans l'emplacement le plus sain et le plus favorable qui pourra être trouvé dans le voisinage immédiat ou éloigné de la vallée des Barotsis.

Pour assurer les moyens matériels nécessaires à l'exécution de ce plan, il sera fait appel à l'intérêt spécial des Eglises de langue française et de tous les soutiens de l'œuvre ; une démarche motivée sera tentée auprès de M. Arthington dans le but d'obtenir son concours ; M. Coillard sera invité à visiter les Eglises de langue française pour réveiller l'intérêt missionnaire et les engager à contribuer largement à son expédition, et comme toute bénédiction ne peut venir que de Celui en l'honneur duquel l'œuvre nouvelle est entreprise, un appel sera adressé sans retard à toutes les Eglises pour en faire un objet spécial d'intercession, de méditation et de prière, afin qu'elles portent le plus possible avec le Comité la responsabilité des dernières décisions qui devront être prises à la fin de l'année.

LE COMITÉ DE LA SOCIÉTÉ DES MISSIONS ÉVANGÉLIQUES DE PARIS

AUX AMIS ET SOUTIENS DE L'ŒUVRE

Depuis quelques années, votre attention et votre sympathie se sont portées sur les tentatives de mission à l'intérieur de l'Afrique faites par les Eglises du Lessouto, d'abord parmi les Banyaïs et, en dernier lieu, sous la direction de M. Coillard, dans la région du Zambèze. Aujourd'hui que M. Coillard est de retour parmi nous, vous demandez : « Qu'a-t-on décidé ? Que va-t-on faire ? »

Le Comité a cherché, sous le regard de Dieu, la réponse à donner à cette question. Des rapports détaillés lui ont été soumis sur le projet de mission à l'intérieur par M. Coillard et par M. le pasteur Appia. Les difficultés comme les avantages d'une entreprise nouvelle ont été examinés et pesés. En présence de toutes les raisons qui l'encouragent à agir, le Comité ne s'est pas senti libre de rester dans l'inaction. Il a, en conséquence, adopté la résolution suivante :

« Le Comité de la Société des Missions de Paris, reconnaissant envers Dieu de la manière miséricordieuse dont il a secondé jusqu'ici les efforts que les Eglises du Lessouto ont faits pour porter l'Evangile aux païens du nord du Limpopo ;

frappé de la manière dont il a daigné garder en particulier notre frère Coillard, sa femme et ses compagnons, et les conduire à des tribus comprenant le sessouto ; considérant le concours en hommes et en argent que les Eglises du Lessouto ont promis à la nouvelle entreprise ; se confiant, pour l'avenir, en ses directions providentielles, décide :

« Qu'il sera envoyé au Zambèze une nouvelle expédition chargée de mieux reconnaître le terrain et munie de pleins pouvoirs pour fonder une station dans l'emplacement le plus sain et le plus favorable qui pourra être trouvé dans le voisinage immédiat ou éloigné de la vallée des Barotsis.

« Pour assurer à la nouvelle mission les ressources qu'elle réclame et sans lesquelles il serait imprudent et coupable de la fonder, il sera fait appel à l'intérêt spécial des Eglises de langue française et à tous les soutiens de notre œuvre ; M. Coillard sera invité à visiter ces Eglises pour réveiller en elles l'intérêt missionnaire et les engager à contribuer largement à son expédition ; et comme toute bénédiction ne peut venir que de Celui en l'honneur duquel l'œuvre nouvelle est entreprise, un appel sera adressé sans retard à toutes les Eglises pour en faire un objet spécial d'intercession, de méditations et de prières, afin qu'elles portent le plus possible avec le Comité la responsabilité des décisions définitives qui devront être prises à la fin de l'année. »

Depuis que le Comité a pris ces décisions, une série de faits se sont produits où il a vu autant d'encouragements à y persévérer.

1º M. Coillard a reçu du Zambèze la nouvelle que les guerres civiles qui naguère troublaient la vallée des Barotsis sont terminées, et que le chef Robosi lui renouvelle formellement l'invitation à s'établir dans son pays.

2º Presqu'en même temps, le Comité recevait, pour la nouvelle expédition au Zambèze, les offres de service de deux hommes ayant déjà fait leurs preuves au service de Dieu, et qui semblent bien qualifiés pour l'œuvre spéciale à laquelle ils se consacrent.

3° Plus récemment, M. Coillard rapportait de la Suisse française, où il a passé quelques semaines, l'impression très nette que le projet de mission au Zambèze réunissait les sympathies et l'adhésion de tous ceux des amis de notre œuvre qu'il a pu visiter.

4° En dernier lieu, nous recevions la note suivante :

7 juin 1880.

« Un anonyme s'engage à remettre à la Société des Missions une somme de 2,500 francs si, d'ici au 31 décembre prochain, d'autres *dons spéciaux* (versés ou promis conditionnellement) complètent la somme de 46,000 francs, jugée indispensable, en outre des 10,000 francs promis par les Eglises du Lessouto, pour l'accomplissement d'un nouveau voyage d'exploration de M. Coillard, et pour couvrir, s'il y a lieu, les premiers frais de fondation d'une station française dans la région du Zambèze ou dans les régions adjacentes.

« En faisant cette offre, le donateur anonyme compte sur la ferme intention du Comité de recommander, de la manière la plus pressante à son vaillant missionnaire, d'éviter tout ce qui pourrait avoir pour conséquence d'exposer témérairement sa vie et celle de ses compagnons d'œuvre. »

Amis de notre œuvre ! la décision est ainsi remise entre vos mains. Votre adhésion, si elle est générale, la rendra définitive. Dès que M. Coillard aura pris en Ecosse le repos dont il a besoin, il reprendra sa tournée dans les Eglises. Que votre accueil ne laisse aucun doute dans son esprit, mais qu'il signifie votre ferme volonté de soutenir moralement et matériellement l'œuvre commencée. Que votre intérêt s'exprime hautement ; que vos souscriptions, *sans porter atteinte aux ressources ordinaires de la Société*, nous mettent sans retard en possession de la somme nécessaire pour commencer l'entreprise, et nous aurons reçu le dernier encouragement que nous attendons pour donner à notre nouvelle mission le signal du départ.

La moisson nous réclame, les ouvriers s'offrent. Que l'argent se trouve aussi, et nous croirons fermement obéir à Dieu en entreprenant de fonder la mission du Zambèze.

Pour le Comité :

Le sous-directeur faisant fonction de secrétaire,

A. BOEGNER.

Paris. Imprimerie de Ch. Noblet, 13, rue Cujas. — 7947.